AF277042

Boecio

Sobre la fortuna

Boecio

Sobre la fortuna

[*La consolación de la filosofía, libros I-II*]

Traducción de
Iván López Martín

© Los secretos de Diotima

© Guillermo Escolar Editor SL
  Avda. Ntra. Sra. de Fátima 38 5ºB
  28047 Madrid

© De la traducción, Iván López Martín

ISBN: 978-84-19782-57-1

DEPÓSITO LEGAL: M-11151-2024

Impreso en España / Printed in Spain

LIBRO PRIMERO

[1] Los poemas que en otro tiempo compuse, en mi apasionada juventud, ¡ay de mí!, ahora en cambio me veo obligado, con lágrimas en los ojos, a cantar tristes metros. Las Camenas son las encargadas de dictarme, destrozadas, qué debo escribir, y los versos elegíacos riegan mi rostro con sinceras lágrimas. Ningún terror las pudo derrotar por completo para que, compañeras, prosiguieran mi camino. Gloria de mi feliz y otrora glauca juventud, ahora consuelan mis Camenas la desdicha de un apenado viejo. Ha llegado, bien lo sabéis, la inesperada vejez, aceleradora de males, y el dolor me ordenó que entrara en su estación. Intempestivos cabellos canos se derraman por mi guedeja y la laxitud de mi piel se estremece sobre mi debilitado cuerpo. Muerte dichosa para los hombres la que no se presenta en los dulces años y a menudo viene llamada por la tristeza del sufridor. Pero ¡ay!, ¡cuán resbaladiza, y con oídos sordos, es para los desdichados, y se niega, cruel, a cerrar los ojos de los llorosos! Mientras la mala fiadora Fortuna me favorecía con ligeros bienes, al punto mi triste cabeza se habría sumergido en la

hora concluyente; ahora, puesto que una nube cubrió su falaz rostro, la vida impía me arrastra por ingratas demoras. ¿Por qué, amigos, me zarandeasteis tantas veces, dichoso yo? Quien cayó no marchaba con paso estable.

1. Mientras, en mi silencio, volvía sobre estas cuestiones una y otra vez y había dejado por escrito, con el gráfico oficio de la pluma, una queja digna de lágrimas, se apareció sobre mi cabeza una mujer con un rostro que invitaba a su veneración, con ardientes ojos y con una valentía en su mirada que distaba con mucho de ser mortal, con un vívido color en su rostro y parecía poseer una fuerza incapaz de agotarse; no obstante, estaba tan cargada de años que nadie se creería que fuera de nuestra edad. Su estatura resultaba desconcertante, sin poderse diferenciar, pues ora se retraía hacia la medida normal de los hombres, ora, en cambio, parecía acariciar el cielo con la frente; esta mujer, cuando levantaba su cabeza aún más alto, daba incluso la sensación de que se adentraba en el mismísimo cielo y dejaba fúti-

les las miradas de los hombres que vol-
vían sus ojos hacia ella. Las vestimentas se
habían labrado con los más finos hilos y
con una exquisita técnica, con una con-
fección perfectamente indisoluble; como
después supe tras su confesión, había
tejido ella, con sus propias manos, dichas
vestimentas; como suele suceder con las
imágenes humosas, una especie de niebla de descuidada antigüedad cubría esta
prenda. En el extremo inferior de este
vestido, al margen, se había bordado una
Π griega; en el extremo superior, en cambio, se leía una Θ y hacia ambas letras se
había tejido una especie de escaleras, por
cuyos peldaños se subía de la primera letra
a la segunda. Sin embargo, las manos de
algunos violentos habían desgajado aquella vestimenta y se habían apoderado de
todos los jirones posibles. Por último, en
la mano derecha llevaba unos pequeños
libros y en la izquierda, un cetro.

Cuando ella vio a mis poéticas Musas,
sentadas en mi triclinio, dictando palabras a mis lágrimas, se conmocionó un
poco y con torva mirada, enfadada, me

reprochó: «¿Quién permitió que se acercaran esas faranduleras meretrices de baja estofa a este enfermo? No es que ellas no ayuden en absoluto con sus remedios los dolores de este desdichado, sino que encima los alimentan con dulces venenos. Son ellas, bien lo sabes, quienes matan la fértil cosecha y los frutos de la razón con las infructuosas espinas de las pasiones, y acostumbran a la enfermedad a las mentes de los hombres, no las liberan de ella. Empero, si con vuestra dulzura, como soléis hacer a menudo, os llevarais a algún profano, lo tomaría como una afrenta menos molesta: nada, pues, se dañaría en él con mi esfuerzo; en cambio, a este que habéis alimentado con las pasiones eleas y de la Academia… ¡Marchaos lo más lejos posible, Sirenas de mortales melodías, y dejad a mis Musas que se encarguen de curar y sanar a este pobre hombre!»

El coro de las Musas, increpado con tales palabras, subyugó al suelo su más que vergonzante rostro y, tras confesar con el rubor de sus mejillas su vergüenza, triste coro, atravesó el umbral y abandonó la escena. Pero yo, que un ejército de lágrimas había cubierto mi rostro y no podía distinguir quién era esa mujer de tamaña autoridad, me quedé estupefacto, y con la faz vuelta al suelo me quedé a la espera, en silencio, de que comenzara lo que había venido a hacer aquí. Entonces ella, acercándose cada vez más a mí, se sentó en el extremo de mi lecho y, mirando mi semblante afectado por el llanto y sumergido en la más deplorable tristeza, inició su canto versado sobre el motivo que agitaba mi mente:

II. *¡Ay, cuán profundo se precipita la mente enferma y, tras abandonar la luz propia, se despliega dispuesta a atravesar las tinieblas externas! ¡Cuántas veces, alimentada por los terrenales soplos, crece desmesuradamente una nociva congoja! Este varón, en otro tiempo libre y acostumbrado a recorrer, con cielo abierto, los meandros del firmamento, discernía las luces del cobrizo sol, observaba las fases de la gélida luna y todas las estrellas que, desfilando por errantes rumbos, trazan sus giros por diferentes orbes; él, vencedor, comprendía todo y lo calculaba matemáticamente, incluso era presto y se abalanzaba con* *pasión a la búsqueda de las causas que explican por qué los sonoros vientos turbaban las aguas del ponto, qué fuerza hacía girar el estable orbe, o incluso por qué el astro que se sumerge en las ondas hesperias se alza desde el centelleante Oriente, o qué espíritu atempera los plácidos tiempos de la primavera para que se adorne la tierra con rosáceas flores, quién proporciona los elementos para que con el año terminado el fértil otoño insufle vida en las uvas maduras; daba luz también a los diversos motivos de la oscura naturaleza. Ahora yace con la luz de su mente apagada y oprimido el cuello con pesadas cadenas y, llevando una enorme carga, el rostro declina y se ve obligado, ¡ay!, a mirar la yerma tierra.*

2. Cambió el tono de sus palabras: «Es momento para el remedio, no para la queja». Entonces se gira hacia mí con sus penetrantes ojos y me inquiere: «¿No eres tú quien, en otro tiempo alimentado con mi leche, sustentado con mis alimentos, habías obtenido la robustez en tu ánimo viril? Te entregué las armas que, de no ser porque antes prescindiste de ellas, te habrían protegido ante cualquier fuerza y te habrían hecho invencible.

¿No me reconoces? ¿Por qué te callas? ¿Te silencia el pudor o el desconcierto? Preferiría que el pudor, pero, como veo, te oprime el desconcierto». Como veía que no hablaba y que ni siquiera emitía ningún sonido, como si fuera incapaz de pronunciar palabra alguna, con dulzura llevó su mano hacia mi pecho y dijo: «No hay ningún peligro, sufre de letargo, una enfermedad común en los espíritus engañados. Se ha olvidado un poco de sí mismo. Lo recordará fácilmente en cuanto me reconozca; para que lo logre, limpiaré sus ojos, cubiertos por la nube de los furores mortales». Dijo estas cosas y enjugó mis ojos, ahogados en lágrimas, con un pliegue de su vestido.

III. Entonces, con la noche ya terminada, me abandonaron las tinieblas y retornó a mis ojos su clarividencia característica, como cuando los astros se aglomeran en el precipitado Mistral y se cubren con coronas de lluvia, el sol se oculta y a pesar de que sobre el cielo las estrellas no iluminen, se esparce la noche sobre la tierra; si el Bóreas, saliendo desde su cueva tracia, azuza a la noche y libera al encerrado día, Febo

resplandece y rápidamente vibra con su luz y hiere con
sus rayos nuestros estupefactos ojos.

3. Así se disiparon las nieblas de mi tristeza. Volví la mirada al cielo y recuperé mis sentidos para así reconocer el rostro de quien me curaba. De esta manera, cuando guie mis ojos y fijé la mirada en esta mujer, pude ver a mi nodriza, la Filosofía, cuya casa había visitado frecuentemente desde mi adolescencia. Entonces me aventuré a hablar: «¿Por qué tú, maestra de todas las virtudes, has venido, caída desde la cima celestial, hacia estas soledades de mi exilio? ¿Es para que tú también seas perseguida conmigo, rea de falsas acusaciones?». Me increpa ahora: «¿Acaso crees que te abandonaría, mi querido alumno, y no soportaría junto a ti la carga que padeces por el odio que genera mi nombre? A la Filosofía no le estaba permitido abandonar sin compañía en su camino a un inocente. ¿Temería mi incriminación y me horrorizaría como si fuera algo nuevo? Ahora, bien lo sabes, ¿piensas que no se ha llevado antes a la sabiduría por los mayores peligros debido a las malas costumbres? ¿Acaso otrora, antes de la gran época de nuestro querido Platón, a menudo no luché contra la temeridad de la estulticia, y, con él ya en su pleno esplendor, no pudo, prestándole mi ayuda, merecer la victoria sobre la injusta muerte de su preceptor Sócrates? Después de esto, el pueblo quiso raptar la herencia socrática, cada uno su parte, ya fueran epicúreos, estoicos y otros tantos, y a mí, que no cesaba de reclamar y de resistirme a base de protestas, me arrastraron a su parte del botín, y la vestimenta que había confeccionado con mis propias manos me la desgajaron; después de arrancar unos cuantos trozos, como ves, se marcharon creyendo que tenían el vestido al completo. En aquellos jirones, como parecía que había señales de mi vestimenta, la imprudencia de los mortales los tomó como mis allegados y discípulos, pervirtió a algunos de ellos y los empujó al error de la multitud profana. Y si no conocieras la huida de Anaxágoras, ni el veneno de Sócrates, ni los tormentos de

Zenón, porque son extranjeros, puedes, con todo, tener noticia sobre los Canios, los Sénecas o los Soranos: su recuerdo no es extremadamente antiguo ni poco conocido. No los arrastró a la desgracia otra cosa salvo que fueron instruidos en mis costumbres y parecía que estaban completamente alejados de los furores de los indecorosos. Por tanto, no hay nada de lo que sorprenderse si en este proceloso mar que es la vida somos zarandeados en todas direcciones por las tempestades: oponernos a los peores hombres es nuestro mayor y principal propósito. Aunque hay un numeroso ejército de esta calaña, deben, con todo, ser despreciados; no los gobierna ningún general, sino el error, que los hace deambular ebrios, temerarios y sin orden. Si en alguna ocasión, con el ejército dispuesto, se lanzan valerosamente contra nosotros, nuestra guía repliega las tropas hacia la fortaleza y ellos, en cambio, solamente pueden ocupar y saquear menores y superfluos botines. Pero nosotros desde lo alto nos reímos mientras ellos se apoderan de los objetos de menor valor, estando nosotros seguros del furioso tumulto y protegidos desde esta empalizada por la que no está permitido a la pesada estulticia llegar a lo más alto.

IV. Cualquier varón, sereno, con la vida regulada, somete al soberbio hado bajo sus pies, y mirando firme a las dos fortunas, pudo mantener el rostro inmutable. A él no lo cambiará la rabia y las amenazas del ponto que se alza desde las profundidades, ni cuantas veces el Vesubio rompe sus cráteres y arroja fuegos portadores de humo, tampoco lo moverá el rayo ardiente que suele herir las excelsas torres. ¿Por qué razón los desgraciados están tan amenazados por los crueles tiranos, que se enfurecen sin fuerzas? No esperes nada ni nada temas en exceso; desarmarás la ira inerme del contrario; pero cualquiera que se perturbe por el temor o el deseo, puesto que no es una persona estable ni dueña de sí, arrojará su escudo y, movido del lugar, atará la cadena con la cual le acabarán arrastrando.

4. Me pregunta ahora la Filosofía: «¿Sientes estas palabras y han entrado en tu espíritu, o es que la miel no está hecha para la boca del asno? ¿Por qué lloras, por qué derramas lágrimas? *Habla, no te escondas en tu mente* (Homero, *Ilíada*, I, 363): si anhelas la cura del médico, es necesario que descubras la herida».

En ese momento, como había recobrado las fuerzas en mi pecho, le digo: «¿Es precisa todavía alguna prueba más? ¿No es suficientemente clara, por sí misma, la dureza de la Fortuna, cruel contra mí? ¿Ni siquiera te conmociona el propio aspecto del lugar? ¿Acaso es esta biblioteca, erigida en mi casa, la que habías elegido para ti como la más segura sede, en la cual disertabas a menudo conmigo sobre el conocimiento de las cosas divinas y humanas? ¿Tal era la vestimenta, tal era el rostro cuando contigo me preguntaba acerca de los secretos de la naturaleza, cuando me detallabas con una regla el curso de los astros, cuando dabas forma a mis hábitos y a toda la disposición de mi vida siguiendo el ejemplo del orden celestial? ¿Estos son los premios que recibo de ti al seguirte? Pero tú grabaste en la boca de Platón esa sentencia que dice 'los Estados serán dichosos si los gobiernan apasionados de la sabiduría o dirigentes que anhelen apasionarse por la Filosofía'. Tú aconsejaste por boca de ese hombre que es causa necesaria que el Estado sea gobernado por hombres sabios, para que el timón del Estado no sea ocupado por los ciudadanos más corruptos de las ciudades, de modo tal que no suponga la perdición y desastre de los hombres buenos. Así pues, siguiendo estos preceptos, resolví trasladar al gobierno de la administración pública lo que había aprendido de ti en mis secretos tiempos libres. Tú y el Dios que te llevó a irrumpir en las mentes de los sabios sois plenamente conscientes de que nada me llevó a las magistraturas a no ser el afecto común hacia todos los hombres buenos. De ahí surgen los agravios y las inexorables discordias con los peores hombres, de ahí – algo que exige la libertad de conciencia– mi continuo desprecio por la discrepancia de los poderosos en defensa de la protección del derecho.

¡Cuántas veces yo mismo rechacé a Conigasto y me puse en su camino cuando atacaba las fortunas de cualquier persona indefensa; cuántas veces expulsé a Trigila, prefecto de la casa real, preparado para perpetrar la injusticia que ya había comenzado o que se disponía a cometer; cuántas veces protegí a los desgraciados a los que la avaricia sin castigo de los bárbaros siempre injuriaba con infinidad de calumnias, y los protegí poniendo incluso en riesgo mi propia autoridad! Nunca nadie me hizo detraerme del derecho ante una injusticia. No me dolí menos que las víctimas sufridoras, cuando veía las fortunas de los provinciales diezmadas ante las rapiñas de los particulares o a causa de los excesivos impuestos públicos. Como en un tiempo de cruel hambruna se había declarado una grave e inexplicable requisa que iba a castigar duramente la provincia de Campania, decidí enfrentarme al prefecto del pretorio por orden del bien común, defendí ante el rey, conocedor del asunto, y vencí para que la requisa no se llevara a efecto. Arranqué a Paulino, varón consular, cuyas riquezas iban a ser devoradas por los perros de Palacio debido a su ambición y esperanza, de las mismas fauces de aquella jauría. Me opuse a los odios del delator Cipriano para que no acusaran a Albino, varón consular, por un juicio que había sido ya amañado. ¿No te parecen suficientes las discordias que yo mismo he levantado contra mí? Con todo, debí permanecer a resguardo junto a los demás, para estar más seguro, pues por amor a la justicia nada me quedó entre los cortesanos de Palacio.

¿Por qué delatores hemos sido golpeados? De entre ellos Basilio, en otro tiempo expulsado del ministerio del rey, fue obligado a delatarnos con el objetivo último de saldar sus deudas. En cambio, Opilión y Gaudencio, como a causa de los innumerables y múltiples fraudes la censura real había decretado que marcharan al exilio, no queriendo obedecer, se acogieron a la protección de un lugar sagrado como defensa. Cuando el rey descubrió todo esto, dictaminó en un edicto que «si dentro del día prescrito no abandonaban la ciudad de Rávena, serían expulsados no sin antes ser marcados en la frente». ¿De qué podían servirse ante tamaña severidad? En aquel día estos dos hombres me delataron. ¿Qué debía hacer? ¿Acaso mi forma de vivir mereció tal trato o su incriminación previa los convirtió en hombres justos? ¿Es que en nada se avergonzó la Fortuna, si no por la acusación de un inocente, sí al menos por la vileza de los acusadores?

Pero deseas conocer cuál fue el argumento de la acusación. Se dice que quise que el Senado se salvara. ¿Deseas saber de qué modo? Se me incrimina que impidiera a un delator llevar los documentos con los que se condenaba al Senado por lesa majestad. ¿Qué piensas de esto, Maestra? ¿Debo negar la acusación para que no sientas vergüenza de mí? En absoluto; quise hacerlo y nunca dejaré de quererlo. ¿Confesaré como culpable? Ya no puedo, se acabó el momento de impedir la acusación. ¿O acaso llamaré delito a querer salvar aquel ilustre orden? Bien es cierto que el Senado prácticamente había cometido un crimen solo por cómo había dictaminado la resolución. Pero la ignorancia, siempre mentirosa para sí misma, no puede callar los méritos de las acciones y no es lícito, considero, según el precepto de Sócrates, ocultar la verdad ni consentir la mentira. Así las cosas, dejo a tu juicio y al de los sabios cómo se debe considerar esta acción. Por la gravedad de la cuestión y en honor a la verdad, me encargué de dejarlo por escrito para que no quedara oculto a las generaciones posteriores. A propósito de los escritos, redactados en falso testimonio, con los que argumentaron que yo mismo guardaba la esperanza de la libertad de Roma, ¿qué importa hablar de ellos? El engaño de estos habría quedado completamente descubierto si me hubieran permitido recurrir a la confesión de mis delatores, algo que tiene la mayor de las fuerzas en cualquier proceso judicial. Por tanto, ¿qué libertad queda esperar? ¡Ojalá hubiera alguna esperanza! Habría respondido con las palabras de Canio, quien, se dice, cuando había sido cómplice de la conjuración llevada a cabo contra él por parte de Gayo César, el hijo de Germánico, dijo: «Si yo lo hubiera sabido, tú no lo sabrías».

Así las cosas, la vergüenza no ha entorpecido mis sentidos como para que me queje de los hombres que traman crímenes contra la virtud, pero me admiro de que hayan cumplido lo que anhelaban con vehemencia. Quizá, puede ser, querer cosas malas sea propio de nuestro carácter, pero es algo monstruoso que alguien que concibe males bajo la atenta mirada de Dios pueda cometer crímenes contra la inocencia. De ahí uno de tus allegados preguntó, no con injuria de los tuyos: «Si hay un dios, ¿de dónde procede el mal? ¿Y de dónde el bien, si no existe Dios?». No obstante, es lícito que crueles hombres, que buscan la sangre de todo el Senado y de todos los hombres buenos, quieran también que yo acabe en la ruina, pues me habían visto defender la posición de los hombres buenos y del Senado. Pero ¿acaso también me merecía este trato por parte de los senadores? Recuerdas, según creo, puesto que tú misma me riges, siempre presente, qué debo decir y qué hacer; recuerdas, decía, cuando el rey de Verona, ávido de la perdición de todos, maquinó con el objetivo de que la acusación de lesa majestad contra Albito recayera sobre todo el orden senatorial, y que yo mismo había defendido la inocencia del Senado en su conjunto despreciando el peligro que se cernía sobre mí. Sabes que yo promulgo estas cosas, que son verdaderas y en ninguna ocasión me he jactado con mi propia alabanza: en efecto, disminuyó de alguna manera el secreto consentimiento de la conciencia, tras probar ella misma que, cuantas veces se descubre lo realizado, recibe el precio de la fama por la acción acometida. Pero ves qué éxito ha tenido mi inocencia: en lugar de los premios de la verdadera virtud sufrimos los castigos de un falso crimen. ¿En qué ocasión la confesión manifiesta de un crimen tuvo tales jueces, concordes en la severidad del dictamen, que ninguno, ya por el mismo error del ingenio humano, o por la condición de la Fortuna, incierta para todos los mortales, dudó de su fallo? Si hubiera querido incendiar los templos sagrados, si hubiera degollado a sacerdotes con impía espada, si me acusaran de haber querido masacrar a todos los hombres de bien, estando yo presente en tal proceso, tras haber confesado y haberme declarado culpable, se me habría castigado; ahora, en cambio, soy condenado a la muerte y a la proscripción, alejado a quinientas millas de mi ciudad, sin defensa y sin pronunciar palabra, por el deseo cada vez más acuciante de salvar el Senado. ¡Oh, merecedores de que nadie pueda ser castigado con semejante crimen!

Los mismos que me delataron fueron conscientes de la dignidad de la acusación; para oscurecerlo aún más añadiendo algún otro crimen, mintieron al decir que yo había manchado mi conciencia, por la ambición de algún cargo, con un sacrilegio. Pero tú, que me habitas, expulsabas de la sede de mi espíritu cualquier deseo de ambiciones mortales y bajo tus ojos no había lugar para cometer un sacrilegio. En efecto, me insistías al oído y en mis pensamientos a diario con aquello de Pitágoras: «Sigue a Dios». Y no convenía que yo deseara tener la ayuda y protección de los

espíritus más viles, cuando tú me prepa-
rabas para la mayor de las excelencias,
que es hacerme similar a Dios. Además,
el carácter inocente (y ancestral) de mi
casa, mi cercanía con los más honestos
amigos, la compañía de mi venerable
suegro e igualmente tú, a quien se debe
veneración, me defienden de cualquier
sospecha de esta incriminación. Pero
–¡oh, impiedad!– aquellos, en realidad,
toman la autoridad de tan gran incriminación de ti y con esto mismo pareceré
cercano al maleficio, pues, instruido en
tus disciplinas, estoy instruido también
en tus costumbres. Así, no es suficiente
para mí el favor de tu figura y tu veneración; también tú sufres con la ofensa
que sufro. En realidad, se añade a mis
males el hecho de que la consideración
de muchos no mira por los méritos de las
cosas, sino por el resultado de la Fortuna
y juzga que ella lo ayuda cuando la felicidad le da lo que había encargado; por ello
resulta que lo primero que falta a los desdichados es la buena reputación. Ahora
me abruma recordar los rumores del

pueblo, que son múltiples y disonantes a la vez; tan solo diré que la última carga de la adversa Fortuna es que, cuando a los desdichados se les acusa en falso de algún crimen, creen que merecen todo lo que soportan. Pero yo, golpeado incluso por todos los buenos, expulsado de mis cargos, mancillado por la consideración externa, soporté un suplicio por haber actuado correctamente. Me parece que veo las nefandas oficinas de los criminales, que rebosan júbilo y alegría; veo también al más pérfido de los varones que se prepara para una inminente delación con nuevos engaños; veo también echar a perder a los hombres buenos, postrados por el terror de mi acusación; veo también al criminal dispuesto a atreverse a cualquier acción, envalentonado por la impunidad de su crimen, a llevar a cabo cualquier acto incitado por las recompensas, mientras los inocentes no solamente carecen de seguridad, sino que, incluso, están privados siquiera de defensa. Por ello, quisiera exclamar:

V. Creador del orbe portador de estrellas, quien apoyado en perpetuo trono haces girar el firmamento en rápido remolino y obligas a las estrellas a soportar tu ley, que la luna ahora brilla en pleno cuerno y se enfrenta a todas las llamas de su hermano, oculte ella las estrellas menores, ahora, pálida en su menguante, más cercana a Febo, pierda la luz y que Héspero, al inicio de la noche, traiga, naciente, helados astros que de nuevo cambien los acostumbrados cursos palideciendo, como Lucifer, por el naciente Febo. Tú que con el frío de la bruma que hace caer la hoja concentras la luz en un espacio más breve de tiempo; tú que cuando llega el ardiente verano divides la noche en prestas horas. Tu fuerza atempera la variedad estacional, de forma que a las hojas que el aliento del Bóreas arrastra, las trae Céfiro de vuelta, ya frondosas, y aquellas que Arturo vio como simientes, ya como fértiles cosechas el Sirio las abrasa: nada deja suelto a la antigua ley ni desatiende la función que le corresponde a cada estación. Gobernando todo con un certero final, rechazas solamente las acciones de los hombres, cuando podrías ser, merecidamente, un director experto de las mismas. Pues, ¿por qué la caprichosa Fortuna gira tantas y tantas veces? Apremia a los inocentes el castigo nocivo y debido al criminal, pero los perversos se vuelven a sentar en un excelso trono y pisotean las costumbres y los venerables cuellos, de forma injusta, de los hombres de bien. Se oculta en las oscuras tinieblas el brillo de la virtud, y el justo soporta el crimen del perverso. Nada les daña el perjurio, nada, ni el engaño cubierto de un mendaz color, pero, cuando anhelan servirse de sus fuerzas, gozan al someter a los más altos reyes que innumerables pueblos temen. ¡Oh, vuelve tu mirada a estas desdichadas tierras, quien quiera que seas que zanjas los pactos de todas las cosas! Los hombres, una parte no pequeña de tan magna obra, sufrimos golpeados por el oleaje de la Fortuna. ¡Reprime, rector, las rápidas olas y reafirma, como gobiernas el inmenso cielo, las leyes terrestres con estable pacto!

5. Cuando expresé, con profundo pesar y un infinito dolor, todo esto, ella, con el rostro tranquilo y en absoluto conmovida por mis quejas, dijo: «Cuando te he visto quejumbroso y llorando, he conocido tu desdicha y tu exilio; pero cuán lejano resulta ese exilio lo desconocería si no fuera porque tu discurso me lo ha proporcionado. Pero tú, aunque lejos de tu patria, en absoluto has sido expulsado de ella, sino que te alejaste; si prefieres pensar que te han expulsado, adelante. En realidad, y mejor dicho, tú mismo te expulsaste: nunca a nadie le habría estado permitido obligarte a marchar. Si, en efecto, recuerdas de qué patria eres oriundo, no se gobierna esta como la antigua Atenas por el mandato de la multitud, sino que 'un solo señor hay, un solo rey', que se alegra con la venida de los ciudadanos, no con su expulsión, cuya más alta libertad es dejarse llevar por sus riendas y someterse a la justicia. ¿Acaso ignoras la antiquísima ley de tu ciudad, con la que se santificó que no tendría derecho a desterrar a cualquiera que prefiera instalarse en ella? Quien se mantiene protegido por la muralla y las fortificaciones no tiene ningún miedo a merecer su exilio; pero cualquiera que abandone el deseo de habitarla igualmente deja también de merecer ese derecho. Y así, no me mueve tanto el aspecto del lugar, sino tu rostro y no busco las paredes de vidrio y marfil de la biblioteca más que la sede de tu mente, en la que coloqué no solamente los libros, sino aquello que les da un valor a los libros, esto es, las sentencias de los volúmenes otrora míos.

Por supuesto, dijiste la verdad sobre tus méritos para el bien común, pero en favor de la multitud de acciones que acometiste has dicho bien poco. Sobre la honestidad o falsedad de los que te plantan cara has recordado hechos conocidos por todos. Sobre los crímenes y fraudes de los delatores correctamente has considerado que debían ser tratados de forma superficial, puesto que aquellas palabras mejor y más ricamente las reconocen todos por la voz del pueblo que los celebra. También increpaste con vehemencia la acción del injusto Senado. Sobre mi incriminación también te doliste, lloraste incluso los daños de tu reputación, afligida y mancillada. En fin, tu dolor contra la Fortuna se ha henchido, y con los lamentos, al considerar que no recibiste premios acordes a tus logrados méritos, emitiste un voto sagrado al final de tu cruel poema para que la paz que gobierna el cielo también lo haga sobre la tierra. Sin embargo, puesto que una gran cantidad tumultuosa de emociones te pesa y, contrariado, el dolor, la ira y la desesperación te arrastran, tal y como ahora está tu mente, todavía no te convienen remedios sólidos. Así que nos serviremos de algunos más leves durante un poco más de tiempo, de modo que las cosas que han empeorado y se han convertido en tumor por las tensiones presentes se ablanden para que reciban la fuerza de medicamentos más rigurosos en una situación más benigna».

VI. *Cuando con los rayos de Febo la grave constelación de Cáncer se aviva, entonces aquel que creyó en las generosas simientes destinadas a los ásperos surcos, burlado por la fe de Ceres, se dirige a los bosques de encina. Nunca te dirijas dispuesto a recoger violetas al purpúreo bosque sagrado cuando el campo estremecido se horroriza con los crueles aquilones, y no busques con ávida mano cortar los sarmientos primaverales si gustas disfrutar de las uvas. Baco prefirió el otoño para sus bienes. Dios señala los tiempos más propios para los oficios y no permite que se mezclen las acciones que él mismo determinó. Así, no tiene un final feliz aquello que por precipitada vía abandonó el certero orden.*

6. «Así pues, en primer lugar, ¿me permitirías que yo comprobara el estado de tu mente con unas preguntas muy breves y tentara su estado para comprender qué tipo de curación debo aplicar?». Dije: «Como consideres mejor; responderé a lo que quieras preguntarme». Entonces intervino ella: «¿Piensas que este mundo se mueve por casualidades y fortuitos azares o acaso crees que hay un régimen racional?». Respondí: «¡Claro que hay un elemento racional! De ninguna manera pensaría que se mueve tan certeramente por una casualidad fortuita y azarosa; en verdad, soy plenamente consciente de que Dios, como creador de su obra, rige todo y no llegará el día en que yo me vea alejado de la verdad de esta opinión». Retoma ella la palabra: «Así es, además de que incluso lo cantaste poco antes en tu poema y lloraste tanto el hecho de que los hombres queden fuera del amparo divino; pero sobre lo demás expresabas que nada era gobernado a no ser por la razón. ¡Vaya! Me asombra admirablemente por qué en tan sana sentencia hablas como si estuvieras enfermo. Debemos seguir investigando con algo más de profundidad; intuyo que falta algo que se me escapa. Pero dime, ya que no dudas de que el mundo es gobernado por Dios, ¿eres consciente de los timoneles con que lo gobierna?». Contesté: «Apenas conozco la esencia de tu pregunta, y por tanto no puedo responder a lo que se me inquiere». Contestó ella: «Entonces no me engañé al ver que faltaba algo, a través de lo cual, como un hueco en un fuerte vallado, se ha insertado en tu ánimo igual que una serpiente la enfermedad de las perturbaciones. Pero dime, ¿recuerdas cuál es el fin de las cosas y hacia qué lugar tiende la finalidad de toda la naturaleza?». Contesté: «Lo había escuchado, pero el dolor debilitó mi memoria». Volvió ella: «Pero sabes de dónde vienen todas las cosas». Contesté: «Lo conozco, y respondí que de Dios». Ella de nuevo: «¿Y cómo puede ser que con el principio conocido desconozcas cuál es el final? En verdad esta forma de ser de las perturbaciones, esta valentía, que pueden mover al hombre de su lugar, no pueden, sin embargo, arrancarlo y extirparlo entero de su puesto. Pero también quisiera que respondas a esto: ¿recuerdas que tú eres hombre?». Contesto: «¿Cómo no podría recordarlo?». Ella de nuevo: «Siendo así, ¿cómo podrías contarme qué es el hombre?». Vuelvo yo a responder: «¿Me preguntas esto para saber si yo soy un animal racional y mortal? Lo sé, y confieso que yo lo soy». Me pregunta ella ahora: «¿Sabes que ninguna otra cosa eres?». «Estoy seguro». Vuelve a intervenir la Filosofía: «Ya sé otra causa, quizá la más importante, de tu enfermedad; dejaste de saber qué eres. Por ello encontré, y estoy segura de ello, la razón de tu enfermedad y la salida para devolverte con éxito la salud. Te doliste como persona exiliada y expoliada de tus propios bienes al haberte alterado el olvido de quién eres. Ya que, en realidad, desconoces cuál es la finalidad de las cosas, consideras poderosos y dichosos a los hombres perversos y criminales; ya que, además, se te ha olvidado con qué timoneles es gobernado el mundo, consideras que los bandazos de la Fortuna fluyen sin gobierno: estas son grandes causas que no solamente provocan una enfermedad, sino incluso la muerte. Pero demos gracias al autor de la curación, porque a ti la naturaleza no te ha abandonado del todo. Tengo la certeza de que la fuente verdadera de tu salvación es la opinión sobre el gobierno del mundo, el cual crees que está sometido no a la temeridad de los azares, sino a la divina razón; por tanto, nada temas, el calor vital te iluminará a partir de esta mínima chispa. Como no es el momento todavía de aplicar remedios más duros y es de sobra conocido que la naturaleza misma de las mentes es tal que cuantas veces abandonan las ideas verdaderas, se visten con las falsas opiniones, de las cuales surge la niebla de las perturbaciones y confunde la verdadera realidad, intentaré atenuarla poco a poco con suaves y moderadas ayudas, de modo tal que puedas reconocer, alejadas las tinieblas de las emociones falaces, el esplendor de la luz verdadera.

VII. *Por nubes negras los astros no pueden expandir su luz. Si el túrbido Austro, revolviendo el mar, desata la tempestad, vítrea la ola hace poco y calma como un día sereno, al punto salpicada el agua con el fango removido se opone a las miradas, y el torrente del río que yerra desde las altas montañas se detiene con frecuencia en una masa suelta de una roca. También tú, si quieres discernir la verdad con preclara mirada, toma el sendero por el camino recto, aleja los placeres, aparta de ti el temor, haz huir la esperanza y que no reine el dolor. La mente está cubierta de nubes y atada por las cadenas cuando reinan estas exaltaciones.*

LIBRO SEGUNDO

I. Después de estas palabras calló un poco y cuando obtuvo mi atención con su modesto silencio comenzó así a hablar nuevamente: «Si he diagnosticado bien las causas de tu enfermedad y su naturaleza, te consumes por el afán y el deseo de tu anterior Fortuna; su cambio, como tú te imaginas, ha turbado enormemente tu ánimo. Comprendo las múltiples formas que adopta aquel prodigio y hasta qué punto la Fortuna obtiene una cercanísima familiaridad con aquellos a quienes pretende burlar, mientras, con un intolerable dolor, confunde a aquellos que abandona inesperadamente. Si recordaras su naturaleza, sus costumbres y sus logros, reconocerías que tú no alcanzaste de ella nada bello y no has perdido absolutamente nada; pero, según pienso, no tengo que esforzarme mucho para refrescarte la memoria. En efecto, cuando la Fortuna estaba de tu lado, y te era propicia, solías incluso atacarla con valerosas palabras y le plantabas cara con arrojadas sentencias procedentes de mi santuario. En verdad, todo súbito cambio de las cosas implica una especie de perturbación en el espíritu, como si se tratara de una ola que turba el ánimo; así sucede que tú también hace poco te has alejado de tu acostumbrada tranquilidad. Pero es el momento de que pruebes esto y saborees algo suave y gustoso, algo que, llevado hasta el interior de tu cuerpo, abra el camino a vituallas más fuertes. Así pues, que esté presente el encanto de la dulce Retórica, que tan solo avanza por recta vía cuando no abandona mi enseñanza, y con esta la Música, nacida de mi hogar, vaya entonando versos ora leves, ora graves.

¿Qué es, pues, varón, lo que te empujó a la tristeza y al llanto? Viste, creo, algo nuevo e inusitado. Tú piensas que la Fortuna se ha vuelto contra ti: te equivocas. Estas son siempre sus costumbres, esta su naturaleza. Conservó hacia ti su propia constancia en su misma mutabilidad;

así era cuando te fue propicia, cuando se burlaba de ti con la imagen de una falsa y atractiva felicidad. Descubriste el rostro ambiguo de esta ciega divinidad. Lo que todavía se oculta a los demás, a ti te iluminó por completo, delante de tus ojos. Si la apruebas, sírvete de sus costumbres, no te quejes. Si estás completamente horrorizado por su perfidia, desprecia y rechaza a esta perniciosa con sus burlas; lo que ahora para ti es causa de tan gran tristeza debió de ser la de la tranquilidad. Bien consta que te abandonó la que nunca nadie pudo estar seguro de que no lo iba a abandonar. Así las cosas, ¿estimas tú que se va a marchar la más preciosa de las felicidades? ¿Quieres a la Fortuna cuando es favorable y no es fiable de que se quede y cuando se marcha te deja triste? Si no puede ser retenida según nuestro arbitrio y en su huida vuelve a los hombres calamitosos, ¿qué otra cosa es la huida que el indicio de una futura calamidad? En efecto, no será suficiente mirar lo que está situado ante nuestros ojos: el final de todo se mide por la prudencia y ella provoca que no se deseen las amenazas de la Fortuna, en uno y otro sentido, ni temidos sus cambios, ni adoradas sus larguezas. En fin, es preciso que lleves con ánimo ecuánime cualquier cosa que se lleve a cabo en el área de la Fortuna una vez que has sometido tu cuello a su yugo. Y si quieres escribir una ley sobre su permanencia y su marcha a quien tú por propia voluntad elegiste para ti como dueña, ¿no serías injusto y exacerbarías con la impaciencia la suerte que no puedes cambiar? Si cambias las velas con los vientos, no marcharás hacia donde la voluntad se dirige, sino a donde los soplos te empujan; si confiaras las semillas a los terrenos arados, compensarías entre años estériles y fértiles. En cambio, ¿tú intentas retener el impulso de su rueda, que gira una y otra vez? Pero, el más estúpido de todos los mortales, ¡si comienza a pararse, dejaría de ser Fortuna!

I. Cuando ella, con soberbia diestra, modifica los cursos y se mueve a la costumbre del agitado Euripo, cruel aplastó a los reyes en otro tiempo dignos de *infundir temor y falaz eleva el humilde rostro del vencido. Ella no oye a los desgraciados ni cuida sus llantos e incluso se ríe de los gemidos, ella, insensible, que los provoca. Así se burla, así prueba sus fuerzas y hace gala de su magnífico poder: alguien puede verse, en el lapso de una hora, dichoso y desgraciado.*

2. Quisiera ahora, en cambio, debatir contigo un poco más empleando las mismas palabras de la Fortuna; considera tú si lo que se solicita es justo. ¿Por qué tú, hombre, me conduces como acusada a querellas cotidianas? ¿Cometí una injusticia contra ti? ¿Qué bienes tuyos te he quitado? Ante el juez que quieras debate conmigo sobre la posesión de riquezas y dignidades y, si demuestras que alguno de los mortales posee algún bien material como propio, yo misma te concederé, por propia voluntad, todo lo que me pidas. Cuando la naturaleza te sacó del vientre materno, desnudo de todas las cosas y sin riquezas, te tomé en mis brazos, te favorecí con mis riquezas y, cosa que ahora te hace impaciente de mi labor, te eduqué de forma, quizá, excesivamente indulgente, inclinada a los favores, te rodeé de todas las riquezas que bajo mi jurisdicción son copiosas y esplendorosas. Ahora quiero quitarte mi mano: debes darme las gracias como usufructuario de cosas ajenas, no tienes el derecho de quejarte como si hubieras perdido todos tus bienes. Así pues, ¿por qué lloras? Ninguna violencia he levantado contra ti. Las riquezas, los honores y demás de tales características son de mi derecho. Conocen, como siervos, a su dueña: conmigo vienen; estando yo ausente, se marchan. Me atrevo a afirmar con audacia que, si fueran tuyas las cosas que reclamas como perdidas, de ninguna manera las habrías perdido. ¿Acaso sería yo la única a la que prohibiría ejercitar mi derecho? Está permitido al cielo que traiga días brillantes y a estos los cubra con tenebrosas noches, le está permitido al año alumbrar la superficie de la tierra ora con flores y frutos, ora destrozarlo con lluvias y heladas, es derecho del mar ora ser favorable con calmado oleaje, ora hacerse temible con tempestades y oleajes: ¿el deseo incompleto de los hombres me ligará a una constancia ajena a mis costumbres? Esta es mi fuerza, burlarme continuamente con este juego: giro la rueda en este cambiante círculo, me alegro de hundir al hombre desde lo más alto a lo más profundo, y de subirlo a lo más alto desde las más abisales profundidades. Sube, si te gusta, pero con esta ley y condiciones, y no consideres injusticia el hecho de descender cuando lo pida la cuenta de mi juego. ¿Es que ignorabas mis costumbres? ¿No sabías que Creso, rey de los lidios, poco antes temible y después digno de lástima, entregado a las llamas de la hoguera, fue defendido por una lluvia enviada del cielo? ¿Acaso te has olvidado de que Paulo derramó pías lágrimas por las desgracias sufridas por parte del rey Perseo cuando fue capturado? ¿Qué otro suceso llora el clamor de las tragedias a no ser por el indiscreto golpe de la Fortuna, que torna en desgraciados los reinos dichosos? ¿Acaso, cuando eras un jovenzuelo, no aprendiste, en el umbral del templo de Júpiter, aquello de *dos toneles, uno lleno de males, otro de bienes* (Homero, *Ilíada*, 24, 527-528)? ¿Qué pasa si has tomado

45

más ricamente de la parte de los bienes, qué pasa si no me marché del todo de ti, qué pasa si esta misma mutabilidad mía te parece un motivo justo para esperar sucesos mejores? Sin embargo, ¿desesperarás en tu ánimo y desearás ser puesto dentro del común reino de todos con el objetivo de vivir con tus propias leyes?».

II. Si cuantas arenas el agitado ponto levanta en los vertiginosos vientos o cuantos astros brillan en el cielo nacidos de las noches portadoras de estrellas, cuantas riquezas erige y no retira la mano la Abundancia con el repleto cuerno, la especie humana no cesaría de llorar desgraciadas quejas. Aunque un dios gustoso cumpliera los votos, pródigo de mucho oro, y decorara a los ávidos con preclaros honores, nada ya le parece lo logrado, sino que la cruel, voraz e instigadora rapacidad abre sus fauces para alimentarse con otras aún mayores. ¿Qué frenos retendrá en un definido límite al precipitado deseo, cuando la afluencia de generosos regalos inflama el ansia de poseer? Nunca se considera rico quien, gimiendo, trémulo, se cree pobre.

3. «Por todo ello, si la Fortuna hablara contigo en estos términos, defendiéndose, no tendrías palabras, nada, contra lo que alzarte; si vieras que existe algo con que poner tu queja bajo derecho, es necesario que lo anuncies; te damos la oportunidad de decirlo». Entonces hablé yo: «Sin duda estas son palabras singulares y edulcoradas con la miel de la Retórica y la dulce Música y gustan tan solo cuando se escuchan, pero es más profundo el sentido y sufrimiento de los males para los desgraciados; y así, cuando dejan de sonar dichas palabras en sus oídos, una inusitada tristeza inunda su ánimo». Pero ella me replica: «Así es; en efecto, estas todavía no sirven como remedios para tu enfermedad, pero para tus contumaces dolores suponen incluso un lenitivo y una calma que además fomentan la curación de tu dolor. Cuando llegue el momento, te ofreceré de nuevo estas palabras para que penetren en lo más profundo de tu ser. Con todo, no quieras considerarte desgraciado: ¿es que has olvidado el número y la medida de tu felicidad? Callo el hecho de que tú, desolado por la muerte de tu padre, fuiste alzado con el cuidado de los más altos varones, fuiste elegido para entrar en el círculo de confianza de los principales de la ciudad –lo que supone lo mejor y más preciado de la cercanía– y comenzaste a ser más querido que cercano. ¿Quién no te juzgó, en su momento, como el más feliz, gracias al maravilloso esplendor de tu suegro, a la reputación de tu venerable esposa, y agraciado incluso con una prole masculina? Paso por alto (en efecto, me gusta saltarme cuestiones de carácter público) las dignidades adquiridas en la adolescencia y negadas a los más mayores; me deleita llegar a la singular cima de tu felicidad. Si tuviera algún peso de dicha el fruto de las cuestiones mortales, ¿podría borrar el recuerdo de aquel tiempo, por la cantidad y magnitud de los males, cuando de tu casa salieron tus dos hijos cónsules por igual el mismo año, escoltados bajo una afluencia de senadores, cuando viste la inmensa alegría del pueblo, cuando mereciste tú, orador de panegírico real, la gloria por tu ingenio y facundia cuando ellos, tus hijos, se sentaban en la

48

curia en las sillas curules, cuando saciaste la expectación, con una triunfal largueza, de la multitud desperdigada en torno a ti, en el círculo sentado en medio de los dos cónsules? Exageraste, según creo, tus palabras hacia la Fortuna, mientras ella te acariciaba dulcemente, mientras te favorecía como si fueras su preferido. Obtuviste el regalo que a ningún ciudadano privado en ocasión alguna había entregado. Por tanto, ¿quieres ahora hacer cuentas con la Fortuna? Ahora, por vez primera, te ha sido esquiva, te ha mirado torvamente. Si consideraras el número y la medida de las alegrías y las tristezas, todavía podrías afirmar que eres feliz. Y si no te consideras una persona afortunada, puesto que ahora te han alejado de aquello que entonces te proporcionaba alegría, no es como para que te consideres desgraciado, puesto que se marchan las cosas que ahora crees que son desgracias y su destino es desvanecerse. ¿Resulta que te encontraste, súbitamente y como extranjero, por vez primera, ahora, en el escenario de la vida? ¿Piensas que hay alguna constancia en los asuntos humanos, cuando a menudo una rápida hora desvanece al mismo hombre? Aunque resulta extraña la confianza de que algo fortuito puede permanecer, sin embargo, el último día de vida es como la muerte de la Fortuna, que ha subsistido firme. En fin, ¿qué diferencia el hecho de que tú la abandonas al morir o ella cuando huye de ti?».

III. Cuando Febo comienza a esparcir su luz en el cielo con su rosada cuadriga, palidece los rostros blancos de las estrellas cubiertos por sus ardientes astros. Cuando el bosque se enrojece con las primaverales rosas gracias al soplo del tibio Céfiro, el Austro portador de nubes sopla enloquecido, solo quedan, de su ilustre belleza, las espinas. A menudo brilla el mar tranquilo y sereno con sus inmóviles olas, a menudo, empero, el Aquilón agita las fervientes tempestades en el cambiante océano. Bien sabido es que la belleza resulta extraña en el mundo y cambia innumerables veces, ¡confía en la caduca fortuna de los hombres, confía en sus fugaces bienes! En eterna ley está decretado que ninguna especie sea constante.

4. Entonces le contesté: «Recuerdas hechos ciertos, nodriza de todas las virtudes, y no puedo negar el velocísimo curso de mi prosperidad. Pero esto es lo que con más fuerza me atormenta cuando vuelvo sobre ello: en toda adversidad de la Fortuna la mayor de las desdichas es haber sido dichoso». Me replica ahora la Filosofía: «No puedes imputar con derecho los hechos que tú lamentas como suplicio de una falsa opinión. Si te mueve el inane nombre de la fortuita felicidad, te permito ahora que juzgues conmigo cuántos y cuán grandes bienes posees en abundancia. Asimismo, si aquello que poseías como lo más valioso, dentro de tu patrimonio censado (y afortunado), se conserva para ti intacto y todavía inviolado por la divinidad, ¿podrías, reteniendo las mejores cosas, quejarte, con pleno derecho, sobre el infortunio? Está vigente e incólume aquello que es lo más preciado del género humano, tu suegro Símaco, un hombre que –algo que comprarías incluso hipotecando tu propia vida– encarna con plenitud la sabiduría y todas las virtudes, seguro de su patrimonio, y que se queja también de tus injusticias. Vive tu mujer, de modesto carácter, brillante en pudor y pureza, y, para incluir brevemente todas sus dotes, igual a su padre; vive, decía, y conserva solamente para ti vida, aunque la aborrezca, y en este único aspecto puedo conceder que ha disminuido tu felicidad, pues ella se consume en lágrimas y dolor por la nostalgia de tu ausencia. ¿Qué diré de tus hijos, ambos cónsules, sobre los cuales, como puede vislumbrarse en los muchachos de su edad, brilla una especie de ingenio, ya del padre, ya del abuelo? Así pues, como la principal preocupación para los mortales es conservar la vida, tú, si conocieras de verdad tus bienes, ¡qué dichoso serías, que todavía tienes lo que, sin duda, resulta en la vida lo más querido! Por ello enjuga ya tus lágrimas: todavía no es la Fortuna odiosa contra todos vosotros, uno por uno, y la fuerte tempestad que sobre ti se abalanzó no es tan vigorosa, cuando sostienen tu nave tenaces anclas, anclas que no permitirán que falte el consuelo del presente ni la esperanza de un tiempo futuro».

Interrumpí su discurso: «Y reclamo que sigan clavadas; nadaré a salvo si ellos se mantienen en esta situación. Pero ves cuántos elementos faltan a mi dignidad». Y ella dijo: «Hemos avanzado un poco, si todavía no te duele toda tu suerte. Pero no puedo tolerar tus complacencias, tú, que buscas ansioso y afligido algo que alegas que falta para tu dicha. En efecto, ¿existe alguien que disfrute de la perfecta felicidad, que no se queje de algo sobre su situación? Bien conocido es que la condición de los bienes humanos es angustiosa y nunca subsiste eternamente, ni se llega a alcanzar por completo. Este posee patrimonio en abundancia, pero le avergüenza su origen familiar; la nobleza de aquel otro es reconocida y preclara, pero prefiere ser un desconocido, permanecer encerrado a causa de la escasez de su patrimonio. Aquel de allá, rodeado tanto de patrimonio como de título nobiliario, llora por su vida célibe; aquel, feliz por las bodas, privado de hijos, alimenta su patrimonio para un heredero ajeno; este otro, contento por su prole, se deshace en lágrimas, afligido, por las formas de vivir de su hijo o de su hija. Por tanto, nadie está del todo conforme ni con comodidad sobre la condición de su fortuna; en cada uno, pues, hay aspectos deseados sobre quien no los conoce, y que, por el contrario, horrorizan a quien los conoce. Añade también la consideración de que los más felices y agraciados por la Fortuna son los que más le exigen; y a no ser que les conceda todo cuanto piden, desacostumbrados a cualquier tipo de adversidad, se quejan por las más mínimas desavenencias: así son de inconsistentes los motivos por los que las personas más afortunadas no terminan de disfrutar de la mayor de las dichas. ¿Sabes cuántos se considerarían cercanos al cielo y unidos a él si les tocara una mínima parte de tu fortuna? Este mismo lugar, al que tú llamas exilio, es la patria para quienes lo habitan. Tan es así que nada hay de triste a no ser la perspectiva de cómo lo consideres; por el contrario, una suerte dichosa es toda la que se lleva con ecuanimidad. ¿Quién es tan feliz que, cuando ha dado su mano, ya rendido, a la perplejidad, no desea cambiar su estatus? ¡Cuánto dulzor de humana felicidad se ve pisoteado por cuantiosas amarguras! Si pareciera agradable la dicha para el que la disfruta, no podrá, sin embargo, retenerla en el momento en que se marche cuando ella lo desee. Queda, pues, demostrado cuán desgraciada es la dicha sobre las cuestiones mortales, pues ella no perdura a perpetuidad junto a los ecuánimes ni se deleita por completo en las personas ávidas.

Por tanto, ¿por qué buscáis, mortales, la felicidad más allá, lejos, cuando está situada en vuestro interior? El error y la falta de conocimiento os confunde. Brevemente te mostraré la clave para alcanzar la más completa felicidad. ¿Hay algo para ti más valioso que tú mismo? Nada, me contestarás. Por tanto, si fueras poseedor de ti mismo, poseerías lo que tú no quieres que falte nunca, ni la Fortuna podrá arrebatártelo. Y para que reconozcas que no puede ser constante la dicha en los bienes de la Fortuna, sigue lo que te voy a decir. Si la dicha es el mayor bien de la naturaleza gobernada por la razón, y no hay mayor bien que lo que no puede quitarse bajo ningún precepto ni condición, puesto que está por delante aquello que no puede ser arrebatado, es manifiesto que la inestable Fortuna no puede afanarse en lograr la más completa felicidad. Ante esto, quien se entrega a esta caduca felicidad, o bien la conoce o bien desconoce que es cambiante. Si lo desconoce, ¿qué situación puede ser feliz con la ceguera de la ignorancia? Si lo conoce, es preciso que tenga miedo a perder lo que, de sobra consta, puede perder; por esto el continuo temor no le permite ser feliz. ¿O consideras que nadie se quedaría desconcertado si perdiera su patrimonio? Resulta un bien muy fútil aquel cuya pérdida se sobrelleva con ecuanimidad. Y puesto que tú también eres persuadido y te convences, gracias a muchísimas demostraciones, de que en modo alguno las almas de los hombres son mortales, y como resulta claro que la felicidad proporcionada por la Fortuna finaliza con la muerte del cuerpo, no puede dudarse, si la muerte puede arrebatar la dicha, que todo el género de los mortales se precipita hacia la tristeza con el final de la muerte. Y si distinguimos que muchos han buscado el disfrute de la dicha no solamente con la muerte, sino también con los dolores y los suplicios, ¿de qué manera puede hacerlos dichosos un presente lleno de fortuna en el momento en que, ya cumplido, no los hace desgraciados?

IV. *Aquel cauto que quisiera fundar una sede perenne y estable se ocupa de apaciguar los soplos del sonoro Euro y de despreciar al amenazante ponto con sus olas, que evite la cima del alto monte y las arenas movedizas: a estas el protervo Austro presiona con todas sus fuerzas, estas, sueltas, rechazan soportar el peso que cae sobre ellas. Huyendo la peligrosa suerte de la belleza de la sede, recuerda, firme, fijar la casa en una roca no excesivamente elevada. Aunque truene el viento removiendo con tormentas el mar, tú, guardado a la tranquilidad, feliz en la robustez del refugio, sereno, llevarás tus días burlándote de las iras del éter.*

5. Como los bálsamos de mis razonamientos descienden a tu cuerpo, considero que se deben usar ya otros un poco más fuertes. Vamos, pues; si los dones de la Fortuna no son caducos y momentáneos, ¿qué hay en ellos que pueda convertirse, en alguna ocasión, en vuestro o no se envilezca después de examinado y ponderado? ¿Son las riquezas valiosas por ser vuestras o por su propia naturaleza? ¿Cuál de estas es mejor? ¿El oro y una gran cantidad de dinero? Brillan más estas cosas (y mejor) cuando circulan que cuando se acumulan, si, en efecto, la avaricia hace odiosos a los hombres, y la largueza, preclaros. Si no puede permanecer junto a alguien lo que se transfiere a otro, entonces el dinero adquiere valor cuando, traspasado a otros en un acto de largueza, deja de poseerse. Y este mismo dinero, si todo cuanto es, el que debería pertenecer a todas las gentes, se acumula en una sola persona, haría a los demás pobres. Y como la voz llegaría de nuevo por igual al oído de muchos, en cambio vuestras riquezas, a no ser que se dividan en partes, no pueden pasar a muchos; cuando se hace así, es preciso que convierta en pobres a los que dejan. Por tanto, ¡oh estrechas y pobres riquezas, no está permitido que muchos las tengan y no llegan a nadie sin la pobreza de los restantes! ¿El brillo de las piedras preciosas atrae tu mirada? Pero si algo es perceptivo en este esplendor es el hecho de que aquella luz pertenece a las piedras, no a los hombres. Me asombra, pues, cómo los hombres se dejan embaucar por ellas con tanta fuerza. ¿Qué es, pues, aquello carente de vida, movimiento y espíritu, que resulte bello por derecho a una naturaleza animada y razonable? Aunque estas gemas, por obra del fundador y por su forma de ser, tienen algo de una belleza inferior, colocadas, sin embargo, por debajo de vuestra excelencia, no merecen, de ninguna manera, vuestra admiración. ¿Acaso os gusta la belleza de los campos? ¿Y por qué no? En efecto, es una bella parte de la más bella de las obras. Así en otro tiempo gozamos con el rostro del sereno mar, así nos asombra el cielo, las estrellas, la luna y el sol. Sin embargo, ¿algo de esto te pertenece, te atreves a vanagloriarte con el esplendor de alguna de ellas? ¿Es que tú mismo te distingues de las flores primaverales o tu fertilidad aumenta los frutos veraniegos? ¿Por qué razón te dejas embaucar por inanes gozos? ¿Por qué abrazas como tuyos los bienes ajenos? Nunca la Fortuna hará que sea tuyo lo que la naturaleza hizo que fuera ajeno. Lejos de toda duda queda el hecho de que los frutos de la tierra deben ser pasto para los animales; pero si –lo que es suficiente a tu naturaleza– quisieras satisfacer tus necesidades, nada hay por lo que busques la riqueza de la Fortuna. Bien sabes que la naturaleza se contenta con muy pocas y mínimas cosas; si quieres llenarla y saciarla con elementos super-fluos, se convertirá en desagradable con lo que llenes, o incluso en algo nocivo.

En otro orden de cosas, consideras también algo bello deslumbrar con vesti-dos varios: si es su forma grata a la vista, me asombraré por la naturaleza de la prenda o por el ingenio del artífice. ¿Te hace feliz una gran cantidad de sirvientes? Pero si son de costumbres viciosas, será una perniciosa carga para la casa y para el mismo dueño serán prácticamente enemigos; si, en cambio, son buenos, ¿de qué manera se contará entre tus riquezas una ajena honestidad? De todas estas cosas nada de lo que tú computas entre tus bienes queda demostrado con claridad que te pertenezca. Si en ellos nada hay bello que deba valorarse como tal, ¿qué es lo que te duele de su pérdida o por qué motivo te alegras de su posesión? Si por su propia naturaleza son bellos, ¿qué te toca de todo esto? Estas cuestiones agradarían por sí solas, aunque estuvieran fuera de tus riquezas y posesiones. Y, claro, no son preciosas porque hayan llegado a tus riquezas, sino que, por el hecho de que parecen preciosas, preferiste contarlas entre tus riquezas.

¿Qué hay de la Fortuna que desees con tanta fuerza? Buscáis, creo, la abundancia para huir de la indigencia. No obstante, esto, precisamente, os lleva al polo opuesto, pues se requiere de muchas ayudas para cuidar la preciosa variedad de pequeños bienes; y, además, cuantos más de esos bienes se tienen, más se consideran necesarios. Por el contrario, quienes mesuran su abundancia por la necesidad de su naturaleza y no por su desmesurada ambición consideran necesarias muy pocas cosas.

Por tanto, ¿nada es propiamente vuestro ni poseéis ningún bien innato, de modo tal que os veis obligados a buscar en elementos externos y ajenos vuestros bienes? ¿Así de cambiante resulta la condición de las cosas, que parece que un animal, divino gracias a su razón, no puede brillar de otra forma que no sea por la posesión de pequeños objetos sin vida? Bien cierto es que otros se contentan con sus cosas, vosotros, en cambio, muy similares a Dios por vuestra capacidad racional, cogéis una y otra vez ornamentos para vuestra excelsa naturaleza a partir de objetos ínfimos, y no comprendéis cuánta injuria cometéis contra vuestro creador. Aquel quiso poner al género humano por delante de todo lo terrenal, y mientras tanto vosotros destruís vuestra dignidad por debajo de lo más degradante que existe. Si consta que es más valioso el bien que su poseedor, cuando juzgáis que son bienes vuestras posesiones más viles, también vosotros mismos, con vuestra consideración, os ponéis por debajo de ellos. Y esto tiene su sentido; en efecto, es esta la condición de la naturaleza humana, que brilla por encima de las restantes cuestiones cuando se conoce, y sin embargo se somete a estar por debajo de las bestias si deja de ser conocida. Es, pues, propio de los restantes seres vivos desconocer su naturaleza, para los hombres esto deviene en grave falta.

¡Cómo es tan patente y manifiesto vuestro error, que consideráis que puede ser adornado algo con bienes ajenos! Pero esto no puede hacerse; si algo brilla por lo que se le pone encima, se deben, pues, alabar aquellos objetos superpuestos, aquello cubierto por ellos y escondido se mantiene grotesco por debajo.

Yo, en cambio, niego que haya un bien que pueda dañar al que lo posee. ¿Crees que miento? En absoluto, me dices. Muy a menudo las riquezas dañaron a sus poseedores, una vez que el peor de todos los varones, más ávido de lo ajeno que de lo propio, se considera el más digno por el hecho de poseer oro y piedras preciosas. Así pues, tú, que ahora, solícito, te estremeces de terror ante una lanza o una espada, si viandante, vacío de equipaje, entrases en esta vida, cantarías abiertamente ante el ladrón. ¡Oh preclara belleza de las riquezas mortales, que cuando se hacen tuyas dejas de estar a salvo!

V. Feliz la primera generación de los hombres, contenta con sus fieles campos y no echada a perder en un inerte lujo, acostumbraba a solventar los largos ayunos con grano fácil de encontrar. No desconocían la mezcla de los regalos de Baco con la líquida miel, ni la fabricación de ropajes con los tejidos lúcidos de los Seros, ni la púrpura tiria. La hierba otorgaba sueños reparadores, también bebida el raudo río, el más alto pino proporcionaba sombra. Todavía no cruzaba el anchuroso ponto, ni con mercancías cogidas de todas partes había visto, huésped, nuevas costas. Por entonces la cruel flota callaba aún de odios y la sangre derramada no había teñido los aterrados campos. ¿Por qué el furor enemigo quería por vez primera alzar las armas, cuando habían visto crueles heridas y no los frutos de la sangre caída? ¡Ojalá nuestros tiempos volvieran a las costumbres antiguas! Pero el ferviente amor de poseer arde más cruel que los fuegos del Etna. ¡Ay! ¿Quién fue el primero que sacó aquellos valiosísimos peligros, los tesoros del oro recóndito y las piedras preciosas que querían estar ocultas?

6. ¿Qué voy a decir sobre los honores y el poder, que vosotros igualáis al cielo, desconocedores del verdadero honor y del verdadero poder? Si todo ello cayera en el peor de los hombres, ¿qué llama del Etna, qué diluvio proporcionaría tamañas desgracias? En verdad, como juraría que tú recuerdas, el mando consular, lo que había supuesto el inicio de la libertad, por la soberbia de los cónsules, vuestros mayores quisieron abolirlo, quienes por esa misma soberbia anteriormente habían borrado el nombre de los reyes de la ciudad. Pero si cuando –lo cual es extremadamente extraño– se entregan estos poderes legislativos a los hombres buenos, ¿qué otra cosa en ellos gustaría más que la honestidad de quienes los ejercen? Así sucede que el honor no se añade por las virtudes del cargo, sino los cargos a partir de la virtud del magistrado. ¿Qué es, pues, vuestro tan preclaro y apetecible poder? ¿No tenéis en consideración, animales terrenales, sobre quiénes creéis que mandáis? Ahora, si vieras entre los ratones a uno cualquiera que reclama para sí el derecho y el poder por delante del resto, ¡cuánto te movería a la carcajada! Si miras el cuerpo humano, ¿qué podrías encontrar más frágil que el hombre, a quien a menudo dan muerte las picaduras de insectos o algunos gusanos que entran en el cuerpo? Con todo, ¿de qué manera un ser humano puede ejercer algún derecho contra alguien a no ser contra su único cuerpo y algo que es inferior a su cuerpo (me refiero a su fortuna)? ¿Mandarás algo sobre un espíritu libre? ¿Moverás una mente, firme y perseverante en sí misma, de su estado de singular tranquilidad? Cuando un tirano consideró que podía llevar a un hombre libre a los mayores castigos, de manera que entregara a los conocedores de una trama contra él, aquel se mordió la lengua, la seccionó y la arrojó contra el rostro del tirano cabreado; así la tortura, que el tirano consideraba objeto de su crueldad, convirtió al hombre sabio en ejemplo de virtud.

¿Qué es lo que una persona puede hacer contra alguien que no se pueda volver en vuestra contra? Hemos escuchado que Busiris acostumbraba a dar muerte a sus huéspedes y que fue muerto por el huésped Hércules. Régulo había hecho prisioneros a muchos de los cartagineses capturados en la guerra, pero después él mismo entregó sus manos a las cadenas de los vencedores. Así pues, ¿consideras en algo el poder de un hombre, que lo que él mismo pudo en otro no pueda volverse contra él y lo acabe sufriendo en sus carnes?

A esto súmale que, si hubiera algo de la naturaleza y de bien propio en estos mismos honores y poderes, nunca llegarían a los peores hombres. En efecto, las cosas adversas no suelen asociarse unas con otras: la naturaleza rechaza que los contrarios se unan. Así como no hay ninguna duda de que los peores hombres desempeñan la mayor parte de los cargos administrativos, también queda patente que no es un bien por su propia naturaleza aquello que permite que se asocie a los peores hombres. Lo mismo se puede estimar, y con mayor peso, sobre todos los dones de la Fortuna, que acaban más ricamente en las manos de los más perversos.

A propósito de estas cuestiones considero que se debe tener en cuenta también el hecho de que nadie duda de que es fuerte aquel a quien se ha visto ejercer su fortaleza, e igualmente se considera veloz al que ha hecho muestra de su velocidad. Así, en efecto, la música hace a los músicos, la medicina a los médicos y la retórica a los rétores: bien sabes que la naturaleza de cada cuestión hace lo que es propio y no se mezcla con los efectos de las cosas contrarias; repele, pues, las que son opuestas. Asimismo, las riquezas no pueden calmar la incompleta avaricia, ni el poder hará dueño de sí al que las viciosas pasiones retienen constreñido con indisolubles cadenas, y la dignidad otorgada a los perversos no solamente no los hace dignos, sino que, más bien, los muestra como indignos. ¿Por qué sucede así? Gozáis de las cosas que se poseen de otra manera al denominarlas con falsos nombres, que fácilmente se desmienten por el efecto de las mismas cosas; así, ni aquellas riquezas ni aquel poder ni aquella dignidad pueden ser llamadas así por derecho propio. En fin, esto mismo se puede concluir sobre toda la Fortuna: nada hay que se deba buscar, nada hay en ella manifiesto de innata bondad, ya que ni se une siempre a los hombres buenos ni convierte en buenos a quienes se adhiere».

VI. *Conocemos cuántas ruinas provocó, con la ciudad incendiada y con los senadores asesinados, aquel que, en otro tiempo, tras haber dado muerte a su hermano, se manchó el cuerpo con la sangre derramada de su madre; mirando una y otra vez su gélido cadáver, no tiñó su rostro con lágrimas, sino que pudo ser censor de su extinguida belleza. Sin embargo, aquel con el cetro* regía los pueblos que observa Febo con sus rayos bajo las olas, llegando desde su alejado nacimiento a los pueblos que oprimen los siete gélidos Triones, a los que el violento Noto en el seco verano quema, recociendo, las ardientes arenas. ¿Acaso valió el excelso poder para revertir la rabia del cruel Nerón? ¡Ay! Pesado destino, ¡cuántas veces la perversa espada se añade a la brutal ponzoña!

7. Entonces yo le dije: «Bien distingues que en ningún momento mi ambición fue dominada por los bienes mortales, pero deseé formar parte de los cargos públicos, para que mi valor no envejeciera de forma tácita». Y ella me replicó: «Y solamente esto es lo que las mentes suelen anhelar por delante de su propia naturaleza, pero todavía no han sido llevadas al punto culminante por la perfección de las virtudes: el deseo de gloria y la fama de los más altos méritos por la labor desempeñada para con el Estado. Pondera ahora cuán exigua y vacua es esta ambición.

Todo el territorio de la tierra, como has escuchado por las demostraciones de los astrólogos, consta que es un simple punto en comparación con el espacio del cielo, esto es, que, si se mide con la magnitud del globo celeste, se juzga que nada ocupa prácticamente. De esta exigua porción en el mundo, la cuarta parte de su territorio, quizá, como aprendiste por la enseñanza de Tolomeo, es la que está habitada por animales conocidos por nosotros. A esta cuarta parte, si le sustraes con la mente cuanto los mares y los lagos cubren y cuanto se extiende de vastas regiones desiertas, apenas queda una estrechísima área para que habiten los seres humanos. Así pues, rodeados y encerrados en este mínimo punto de un diminuto espacio, que agitáis vuestras mientes sobre la más que divulgada fama, sobre vuestro renombre, ¿qué puede tener de célebre y magnífico una gloria constreñida a tan estrechos y exiguos límites? Añade que este cercado y pequeño habitáculo lo habitan muchas naciones de lengua, costumbres y modos de vida diferentes, a las cuales, por la dificultad de los caminos, por la variedad de lenguaje o por la falta de comercio, no solamente no puede llegar el nombre de hombres singulares, sino ni siquiera el de las mismas ciudades. En fin, en la época de Cicerón, como él mismo deja reflejado en algún pasaje, la fama del Estado romano no había transcendido todavía el monte Cáucaso, y era por aquel entonces una ciudad ya adulta, provocadora de temor incluso entre los partos y otros pueblos de aquellos lugares. Por tanto, ¿ves qué angosta es, qué comprimida la gloria que os esforzáis en ensanchar y propagar? ¿Piensas que allí donde la fama del nombre romano no ha podido siquiera atravesar triunfará la gloria de un hombre romano? ¿Y qué hay sobre el hecho de que las costumbres de los pueblos, distintos entre ellos, y sus instituciones sean diferentes, de forma que pueda juzgarse digno de castigo algo que para otros es motivo de alabanza? Por ello, sucede que, si alguien se deleita por la extensión de su fama, no se mueve, de ninguna de las maneras, a extender su nombre hacia muchos otros pueblos. Por tanto, que cada uno se contente con extender su fama entre los suyos y se restrinja a los límites de su sola nación aquella preclara inmortalidad de la fama.

Pero ¡qué gran número de preclaros varones en su época el olvido borró porque no se escribiera sobre ellos! Aunque, ¿qué proporcionarán aquellos escritos, cuando ellos mismos se ven apremiados, igual que sus autores, a una duradera y oscura vejez? Vosotros creéis que propagáis vuestra inmortalidad cuando pensáis en la fama del tiempo futuro. Y si llevas esa inmortalidad nominal ante el infinito espacio de la eternidad, ¿qué tienes para alegrarte de la larga duración de tu nombre? Si la duración de un único momento se compara con diez mil años, puesto que cada uno de estos es un espacio definido, resulta mínimo, aunque tiene una pequeña porción; pero esta misma cantidad de años, o cualquiera de sus múltiplos, ni siquiera puede ser comparado con la interminable infinita eternidad. En efecto, se pudiera en alguna ocasión comparar objetos finitos, pero, en realidad, no cabe ningún parangón entre algo finito y algo infinito. Así sucede que la fama de un largo tiempo, si se une con la eternidad ilimitada, no es que parezca pequeña, sino que ni siquiera existe.

En cambio, vosotros no sabéis hacer nada correctamente a no ser hacia la notoriedad y las inanes aquiescencias; dejando de lado la presencia de vuestra consciencia y virtud, pedís premios a partir de ajenos ínfimos rumores. Atiende de qué manera un hombre se burló, muy ingeniosamente, de la levedad de este tipo de arrogancia. Cuando este personaje había atacado con sus improperios a un hombre que se había investido para sí mismo el título de filósofo, no por hacer uso de la verdadera virtud, sino falsamente y por su soberbia gloria, añadió que se sabría que aquel es filósofo si podía soportar muellemente y con paciencia las injurias proferidas contra él; aquel aceptó el envite para, durante un poco de tiempo, hacer gala de dicha paciencia y, tras recibir algún improperio, como exultante, dijo: «¿Ves ya que yo soy un filósofo?». Entonces muy mordazmente dijo aquel: «Lo habría visto si te hubieras callado». ¿Qué hay para los principales hombres (sobre los cuales precisamente estoy hablando), que buscan la gloria a través de la virtud, qué, digo, hay para ellos sobre la fama después de que su cuerpo se vea afectado por la muerte? Si la muerte supone algo —lo que resulta prácticamente imposible de creer para mentes como la nuestra—, en absoluto, pues, existe la gloria, cuando la persona sobre la que recae dicha gloria ya no existe. Si, por el contrario, la mente, conocedora de sí misma y suelta de su prisión terrenal, busca, libre, el cielo, ¿no despreciará cualquier cuestión terrenal, ella que, disfrutando del cielo, se alegrará de verse liberada de lo terrenal?

VII. *Cualquiera que, con espíritu decidido, busque solamente la gloria y la tenga por lo más excelso, que distinga las anchas extensiones celestes y la estrecha superficie de la tierra; le avergonzará la ambición de su nombre expandido, llenando sin fuerza un breve espacio. ¿Por qué razón, soberbios, los hombres buscan aligerar en vano los cuellos del yugo mortal? Aunque la fama, extendida a través de remotos pueblos y difundida, se explique en otras lenguas, aunque una* gran casa brille con preclaros títulos, la muerte desprecia tan alta gloria, envuelve por igual al humilde y a la excelsa cabeza y equipara a los más bajos con los más altos. ¿Dónde yacen ahora los huesos del fiel Fabricio? ¿Qué pasa con Bruto o el adusto Catón? La fama ligera sobrevive por los escritos como un vago nombre. Aunque conozcamos los nombres prestigiosos, ¿acaso nos permite conocer a los que ya no están? Yacéis, pues, así, ignorados, y la fama no os hace conocidos. Y si consideráis alargar más tiempo la vida con el aura de un nombre mortal, cuando después también os arrebate esto el tardo día, la muerte estará de vuelta, con vosotros, por segunda vez.

8. Para que no creas que mantengo una despiadada guerra contra la Fortuna, hay veces que ella no es en absoluto falaz sobre los hombres y actúa correctamente: cuando ella se abre, descubre su rostro y confiesa sus costumbres. Quizá todavía no comprendas de qué estoy hablando; resulta asombroso lo que quiero decirte, y apenas puedo expresar esta opinión con palabras. Considero, en fin, que la adversa Fortuna resulta más positiva que próspera. Voy a intentar explicarme: ella siempre engaña con una especie de felicidad cuando parece propicia; por el contrario, cuando ella se muestra inestable en sus cambios, siempre se muestra, en fin, veraz. Aquella engaña, esta educa; aquella liga las mentes de quienes la disfrutan con una especie de bienes falaces, esta con su conocimiento disuelve la inestabilidad de la felicidad; y así verás que aquella es cambiante y variable y siempre desconocedora de lo suyo, esta es sobria, parca y prudente por su práctica de la adversidad. En fin, la feliz arrastra con sus delicias a los hombres extraviados del verdadero bien, la adversa tira con el arpón a la mayoría reconduciéndolos a los verdaderos bienes. ¿Piensas que se debe considerar entre las cosas más nimias el hecho de que aquella severa, aquella horrible Fortuna revele las mentes de tus amigos fieles? Esta te dio a conocer los rostros sinceros y desleales de tus allegados; con su marcha se lleva a los suyos, deja a los tuyos. ¿Cuánto habrías pagado cuando estabas íntegro y te considerabas afortunado? Ahora busca también las riquezas perdidas: encontraste lo más preciado de las riquezas, encontraste amigos».

VIII. *Cuanto el mundo varía en giros acordes con estable confianza, cuanto las semillas que pugnan entre ellas sostienen un pacto perpetuo, cuando Febo en su dorado carro trae el rosado día, para que Febe gobierne en las noches que ha guiado Héspero, para que el ávido mar en delimitado término constriña su oleaje, para que no pueda extender los anchos límites en tierras vagas, a esta serie de cuestiones une el regente de las tierras y el mar y quien gobierna en el cielo, el Amor. Si este remitiera y cediera sus frenos, ahora los que se aman mutuamente al instante llevarían la guerra, y ten por seguro que disolvería el mecanismo que ahora como fiel socia se agita con bellos movimientos. Este también une a los pueblos en sagrado pacto, este también une en castos amores el vínculo sagrado del matrimonio, este incluso dicta los juramentos a los amigos fieles. ¡Qué feliz el género de los hombres, si el amor que rige el cielo rigiera vuestros corazones!*